W0224260

So wird es gemacht:

Öffne das mini LÜK®- Kontrollgerät und lege die Plättchen in den unbedruckten Deckel!
Jetzt kannst du auf den Plättchen und auf dem Geräteboden die Zahlen 1 bis 12 sehen.

Beispiel: Seite 2
Mensch ärgere dich nicht!
Nimm das Plättchen 1 und sieh dir den Würfel Nr. 1 an! Wo kann mit der Zwei herausgeworfen werden?
Die richtige Reihe hat die Lösungszahl 12.
Lege das Plättchen 1 auf die Zahl 12 des Gerätebodens!

1	2	3	4	5	6
7	8	9	10	11	12

So mußt du weiterarbeiten, bis alle Plättchen im Geräteboden liegen.

Schließe dann das Gerät und drehe es um! Öffne es von der Rückseite! Wenn du das bei bei der Übungsreihe abgebildete Muster siehst, hast du alle Aufgaben richtig gelöst. Passen einige Plättchen nicht in das Muster, dann hast du dort Fehler gemacht. Wende diese Plättchen dort, wo sie liegen, um, schließe das Gerät, drehe es um und öffne es wieder!
Jetzt kannst du sehen, welche Aufgaben du falsch gelöst hast. Nimm diese Plättchen heraus und suche die richtigen Ergebnisse! Kontrolliere dann noch einmal! Stimmt jetzt das Muster?

Und nun viel Spaß!

Dieses Papier wurde aus chlorfrei gebleichtem Zellstoff hergestellt

Mensch ärgere dich nicht!

Wo wird mit den Würfeln herausgeworfen?

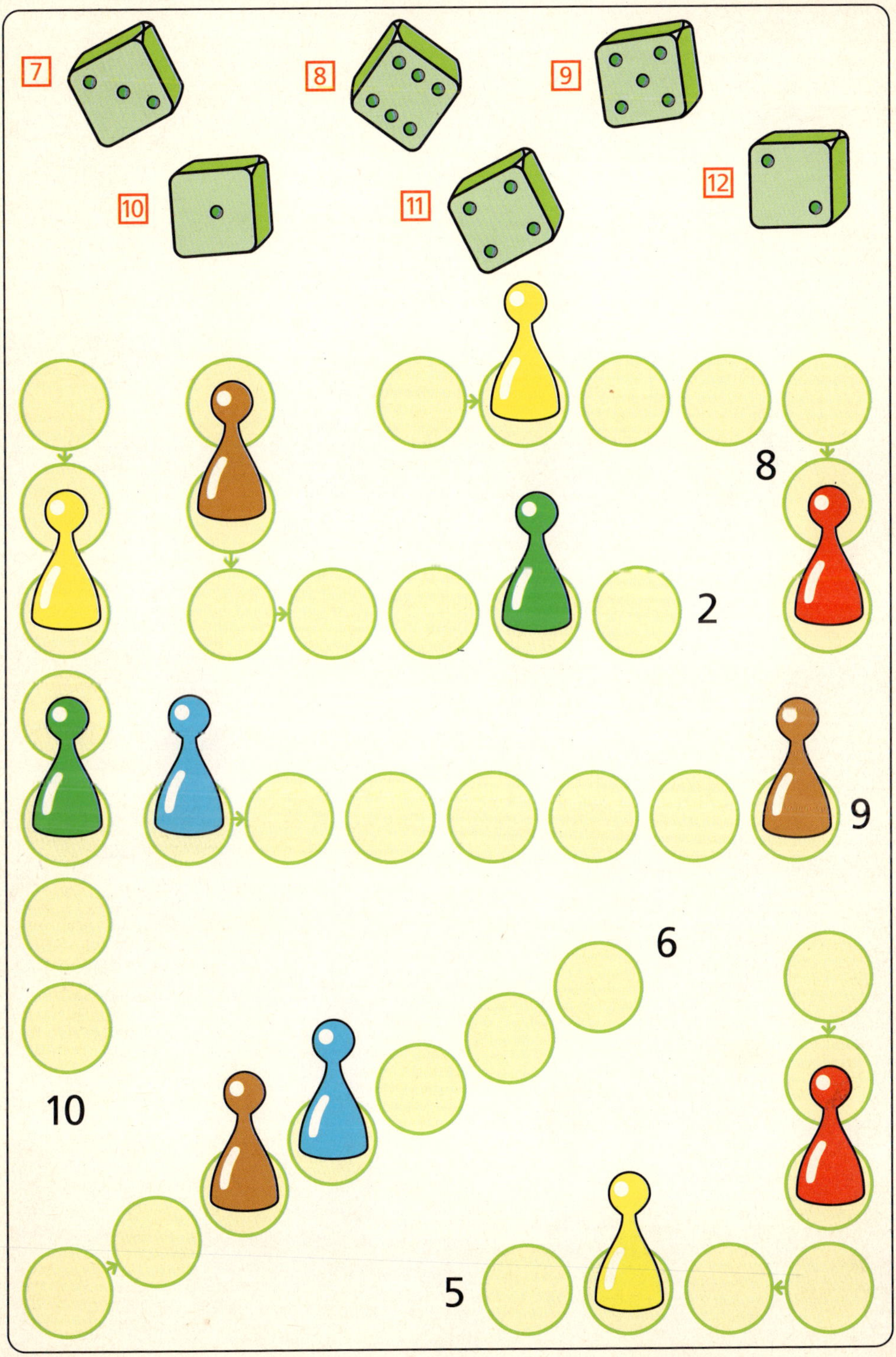
7
8
9
10
11
12
8
2
9
6
10
5

Bilderpuzzle

In welchem Puzzlefeld findest du den Gegenstand?

1 

2 

3 

4 

5 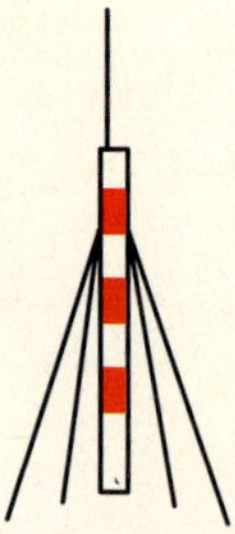

6 

7 

8 

9 

10 

11 

12 

Was wird passieren?

Suche das passende Bild!

1

2

3

4

5

6

7

8

9

10

11

12

10

8

7

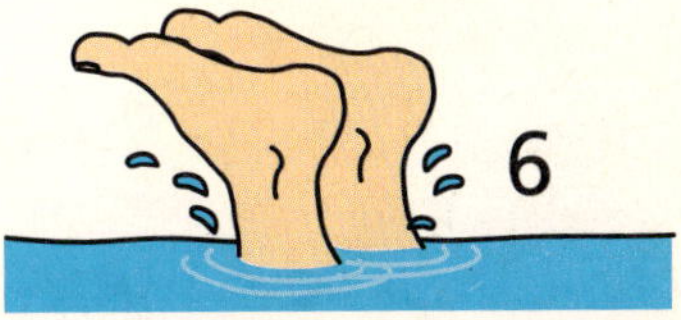
6

2

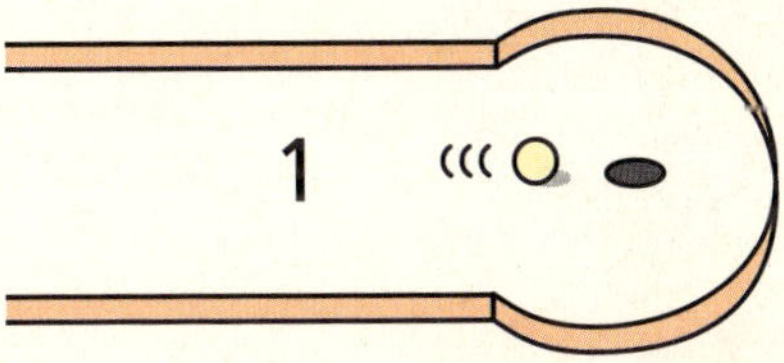
1

12

4

11

5

9

3

Was ist zuviel?

Finde das Teil im Kasten, das übrig ist!

1

2

3

4

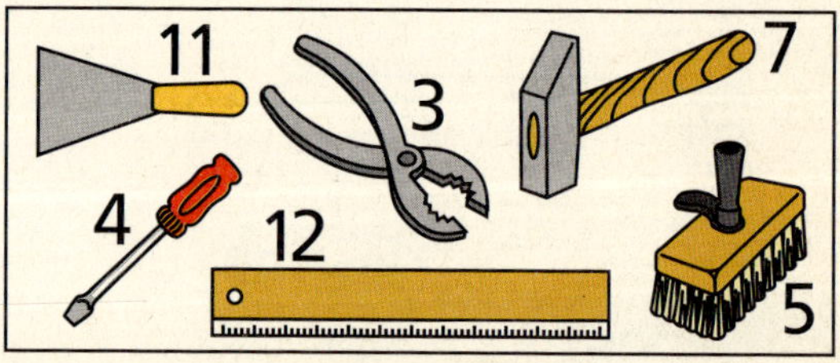

5

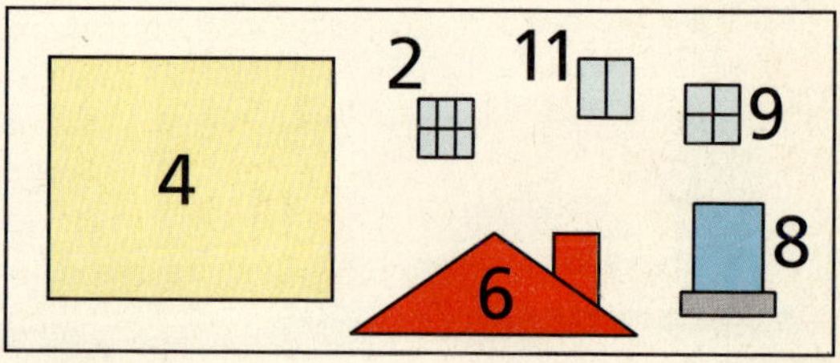

6

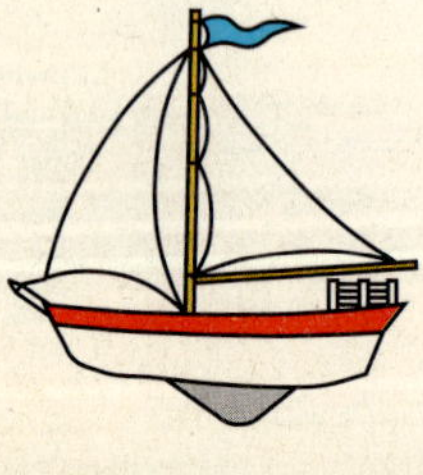

7

12
8
9
1
6
10

8

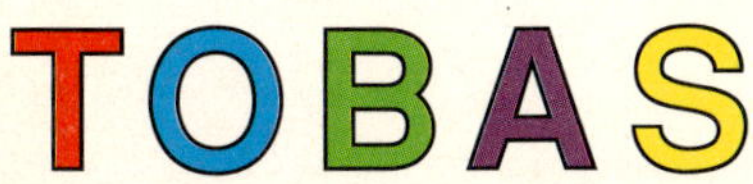
TOBAS

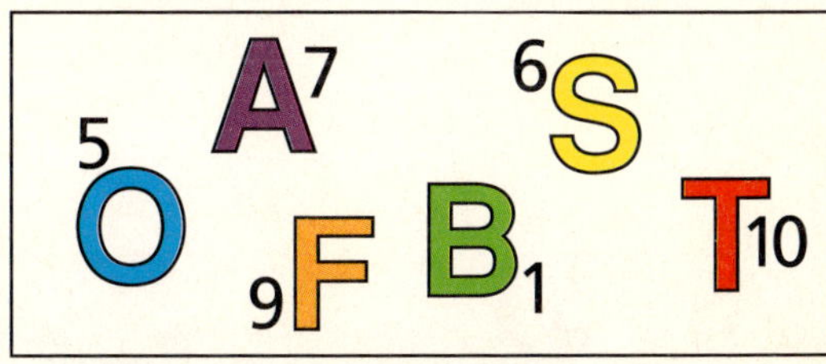
A7
6S
5O
9F
B1
T10

9

3
2
7
10
6
11

10

1 5 3 4 6

8 1
4 2
3 6
12 6
9 5
2 5

11

9
1
10
5
2
12

12

1
10
3
7
4
11

Sport ist gesund!

Welche Sportart ist gemeint?

1
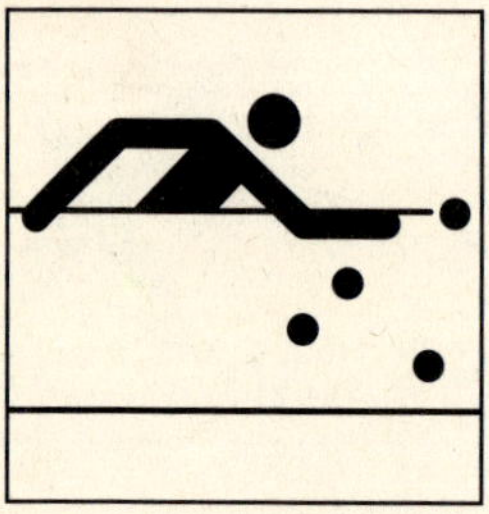

2

3

4

5

6

7

8

9

10

11

12

1

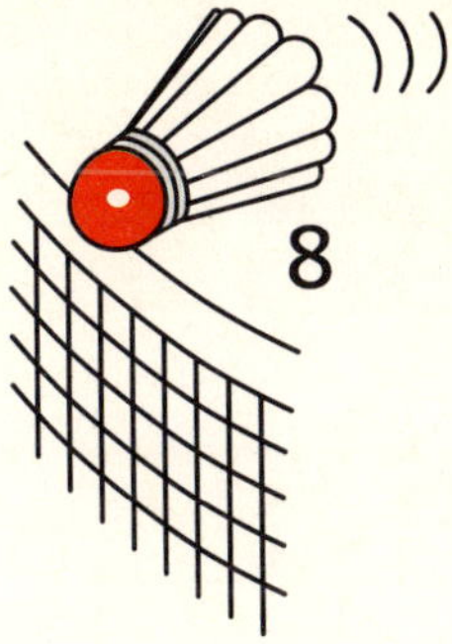

8

5

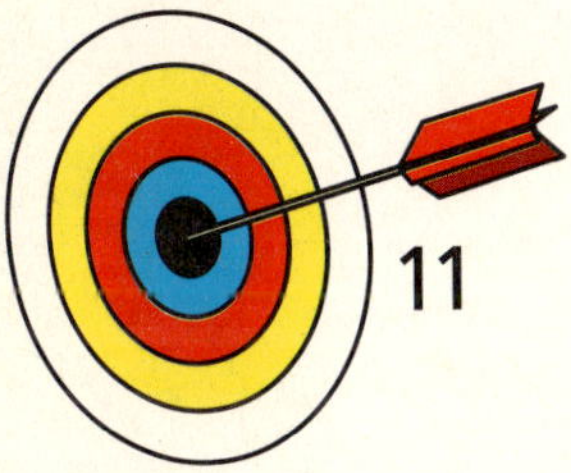

11

3

6

7

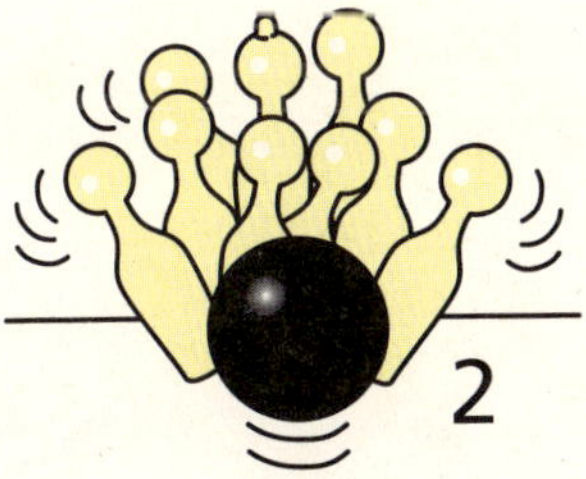

2

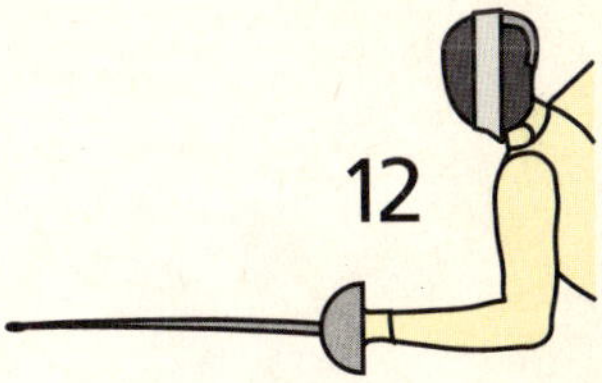

12

10

4

9

Früher oder später?

Wie geht es los?

1

1 12 6 2

2

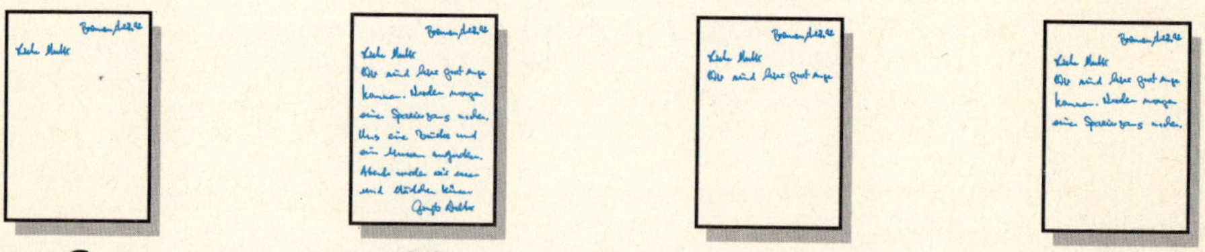

6 11 1 7

3

5 2 4 3

4

8 3 1 2

5

6 10 9 5

6

10 4 5 7

7

12 7 1 4

8

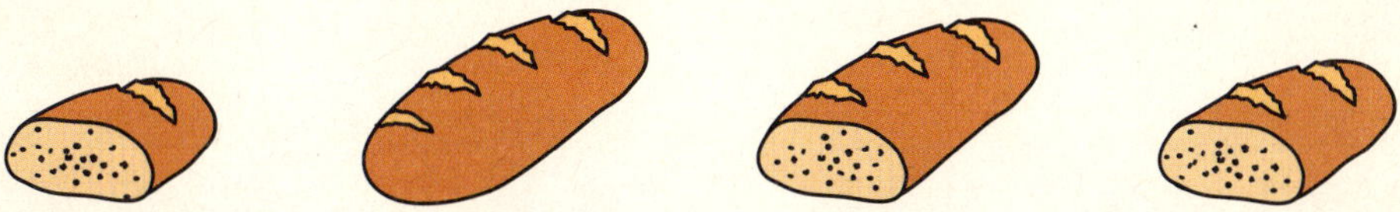

7 12 2 8

9

3 9 8 11

10

9 3 10 8

11

4 9 10 5

12

6 8 11 12

Wer steht hinter der Wand?

P+A
7
8
9
10
11
12

7
3
1
12
4
5

Welche Quartettkarte paßt nicht?

7 10 5 1 6
8 7 5 2 8
9 9 2 5 3
10 11 3 6 9
11 6 3 10 11
12 7 4 12 1

Suche die Fehler im Domino!

Wo passen die Dominosteine nicht zusammen?

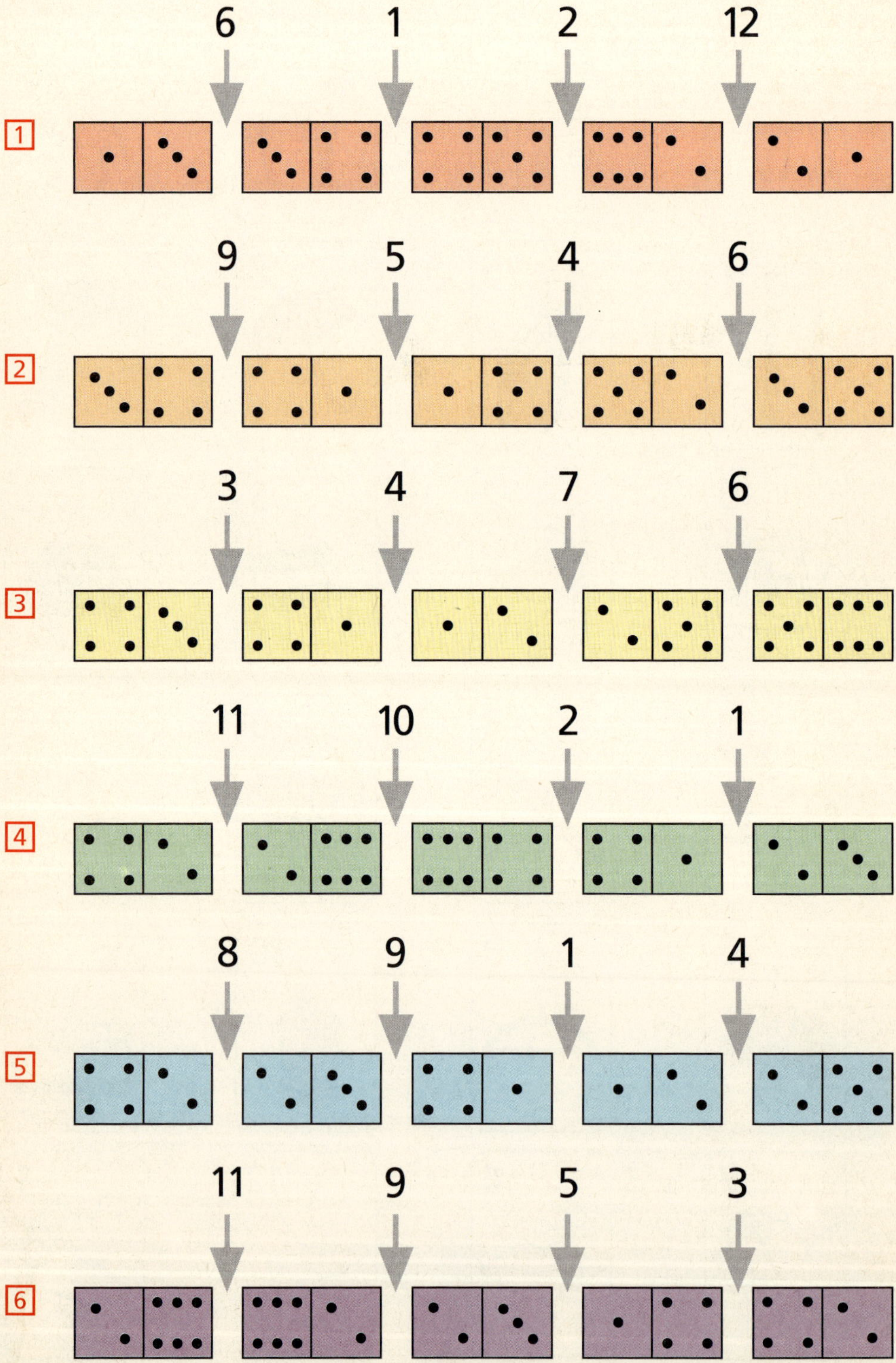

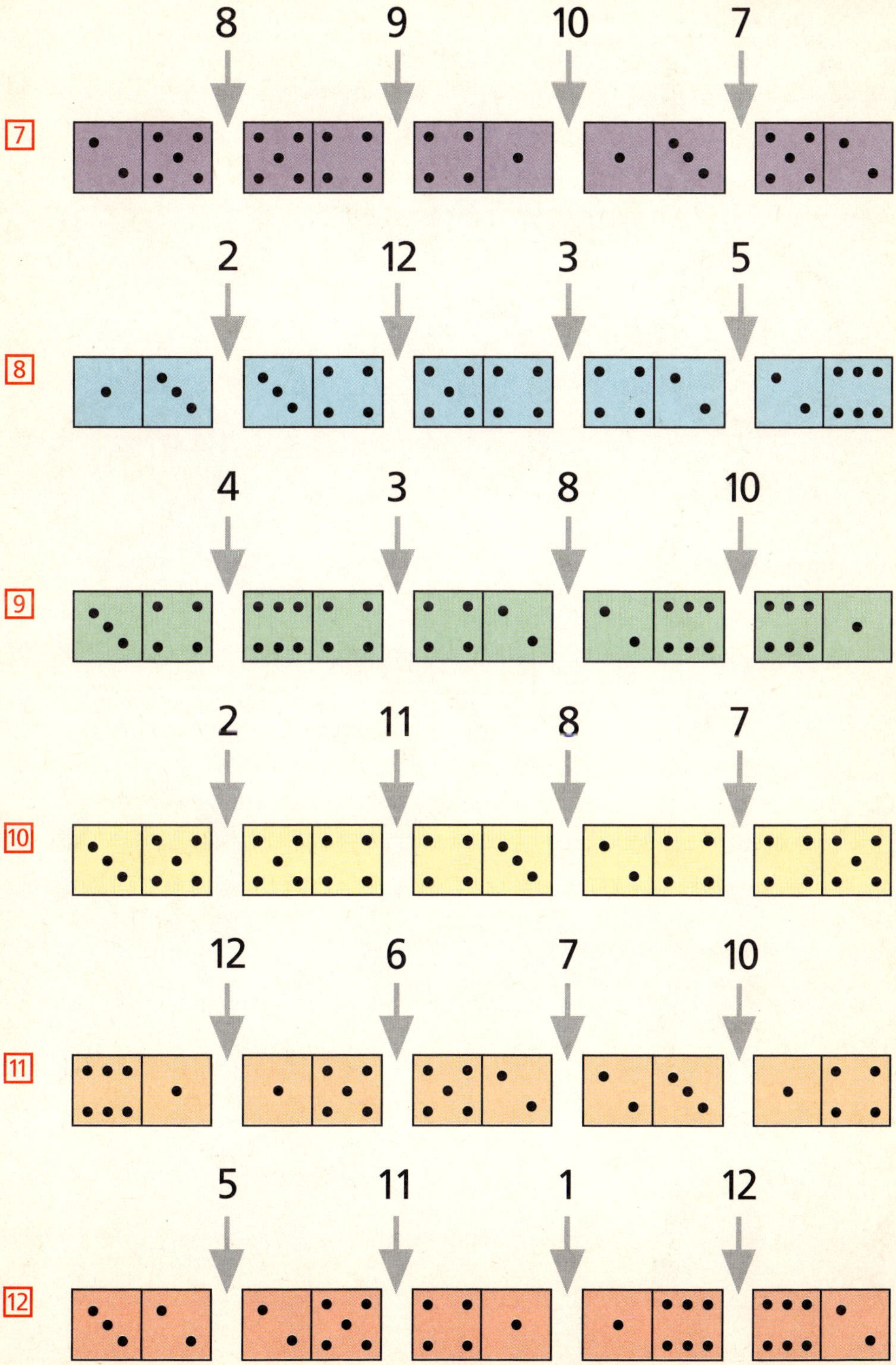
8 9 10 7
7
2 12 3 5
8
4 3 8 10
9
2 11 8 7
10
12 6 7 10
11
5 11 1 12
12

Lauter Stempel

Suche den passenden Stempel!

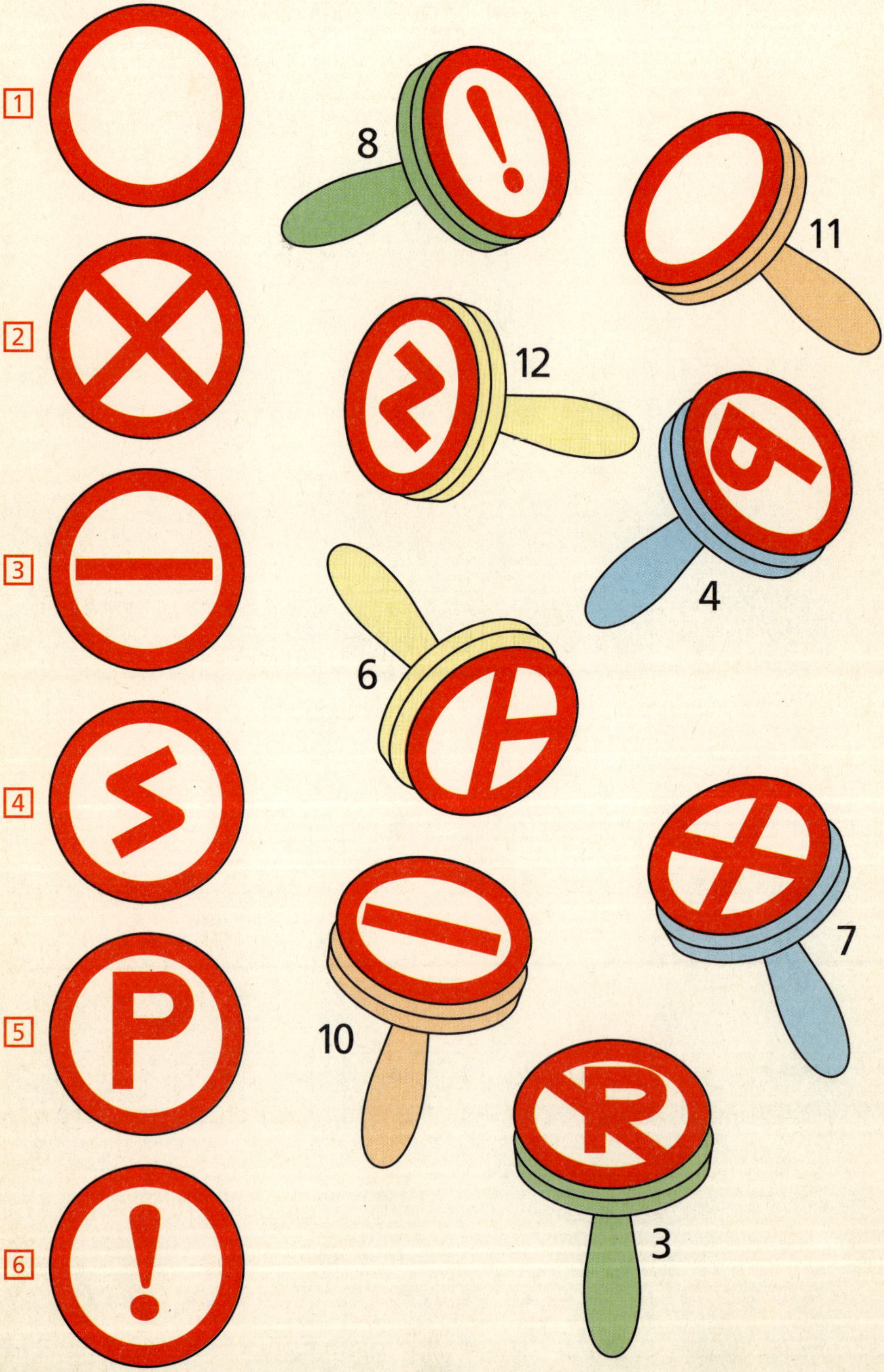

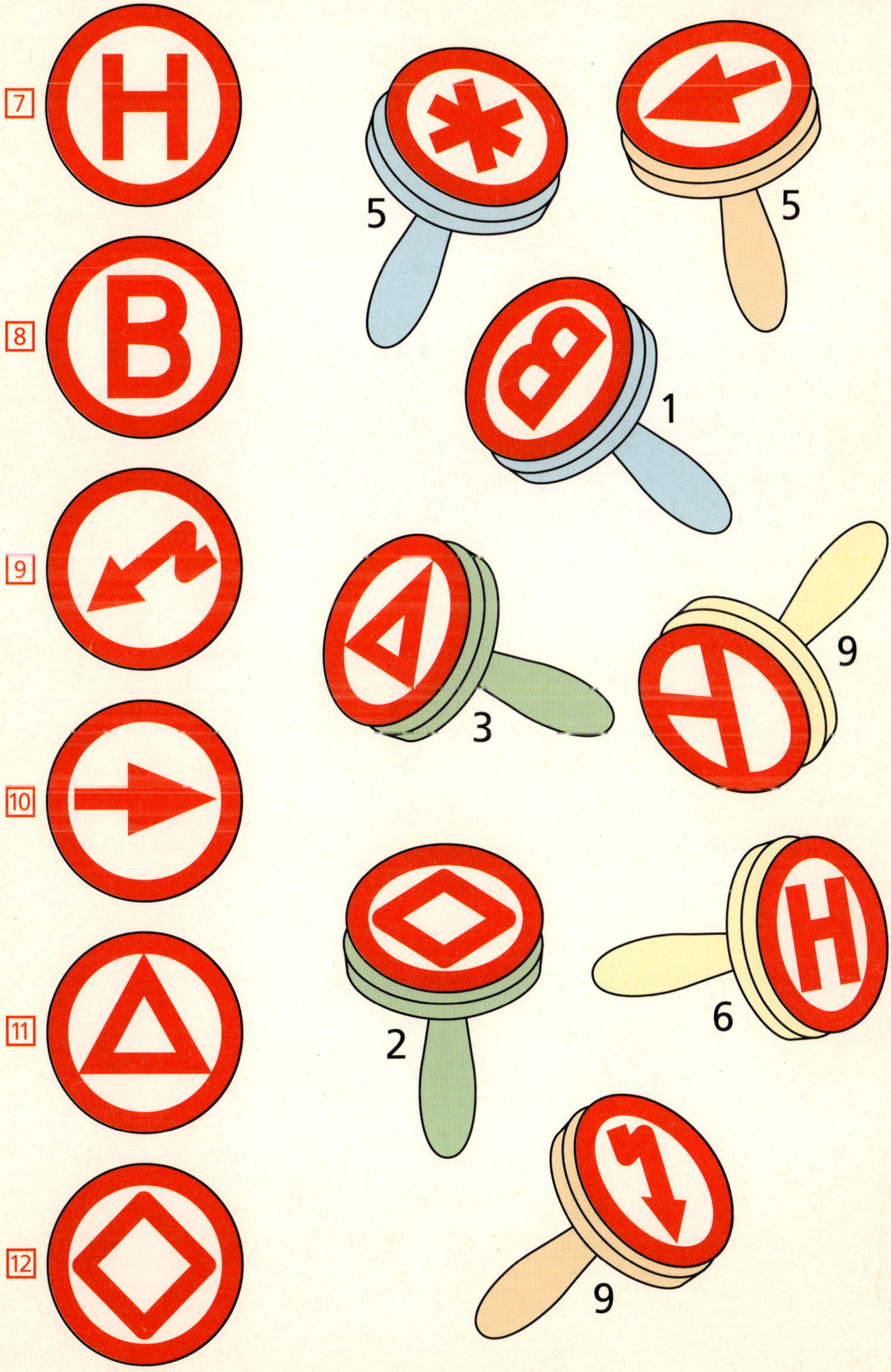
7
8
9
10
11
12
5
5
1
3
9
2
6
9

Die Rätselschreibmaschine

Suche die Wortbilder auf den Tasten!

1 ach

2 du

3 tut

4 er

5 Oma

6 Esel

7 Hose

8 Ball

9 wer

10 Olaf

11 eher

12 malt

Das Gedächtnisspiel

Schau dir das Bild genau an! Merke dir möglichst viele Einzelheiten und schlage dann die nächste Seite auf!

War das auf dem Bild zu sehen?

Ja ☺ oder Nein ☹ ?

1

☺ 12
☹ 2

2

☺ 9
☹ 8

3

☺ 9
☹ 5

4

☺ 11
☹ 6

5

☺ 4
☹ 3

6

☺ 12
☹ 7

7

☺ 11
☹ 5

8

☺ 7
☹ 2

9

☺ 10
☹ 1

10

☺ 6
☹ 12

11

☺ 4
☹ 3

12

☺ 8
☹ 1